El *affaire* Galeano
y
Las venas abiertas

¡ES LA CULTURA, ESTUPIDO!
A propósito de Eduardo Galeano y "Las venas abiertas
de América Latina"

Guillermo Lousteau

ALEXANDRIA
LIBRARY
PUBLISHING HOUSE
MIAMI

ISBN: 978-1501032998

www.alexlib.com

A fines del siglo XX, un escándalo sacudió al mundo académico, y fue conocido como el *affaire Sokal*.

Alan Sokal, profesor de física de la Universidad de Nueva York, envió en 1996 para su publicación, a la revista científica *Social Text*, editada por la Universidad de Duke, un artículo con el título *Transgressing the Boundaries: Toward a Transformative Hermeneutics of Quantum Gravity*[1] (*La transgresión de las fronteras: hacia una hermenéutica transformativa de la gravedad cuántica*).

Sokal sostenía en ese artículo, entre otras cosas, que la ley de gravedad no existía en la realidad, sino que era producto de la convención de los hombres, que nos comportábamos como si existiera. La conclusión lógica era que si dejáramos de creer en ella, no seríamos afectados. El trabajo se apoyaba en ideas y citas de pensadores franceses y americanos.

Simultáneamente con la publicación, Sokal declaraba en otra revista, *Lingua Franca*, que el artículo no tenía ningún sentido. Afirmaba que estaba constituido por una

---

1. http://www.physics.nyu.edu/faculty/sokal/transgress_v2/transgress_v2_singlefile.html

acumulación de citas grandilocuentes fuera de contexto, algunas copiadas textualmente de algunos filósofos y que se apoyaba en citas estúpidas hechas por ellos sobre matemáticas y fenómenos físicos como ilustración práctica de ideas abstractas que, según Sokal, eran comparaciones totalmente absurdas. La sátira tenía como propósito descalificar el extendido mal uso de la terminología científica y la promiscua extrapolación de ideas de las ciencias naturales a las ciencias sociales.

El hecho originó una larga serie de réplicas y contrarréplicas, incluyendo a premios Nobel, y filósofos posmodernos, especialmente Lacan, Derrida, y otros franceses. La discusión se extendió por varios años, durante los cuales Sokal dictó numerosas conferencias, especialmente en el ámbito universitario de todo el mundo. En una de esas oportunidades, se presentó en la Universidad de Buenos Aires, donde enfrentó en la Facultad de Filosofía a un embravecido estudiantado enamorado de las ideas de Lacan. En esa presentación, Sokal explicitó el objetivo de lo que parecía una travesura. Ese objetivo no era otro que denunciar al relativismo posmoderno como inconsistente, un relativismo que sostiene que la verdad es una mera convención social.

En una continuación de esa misma línea, conjuntamente con Jean Bricmont, el físico belga, Sokal publicó un libro, *Impostures Intellectuelles*, presentado en Estados Unidos como *Fashionable Nonsenses*. El libro ampliaba los ejemplos del artículo publicado en *Social text*. Reunía y analizaba una cantidad de citas y discutía ejemplos de las ciencias y las matemáticas usadas por Baudrillard, Kristeva y Deleuze. Todas esas citas y ejemplos se agregaban a las ya usadas en el artículo publicad en *Social text*.

Todos los filósofos mencionados por Sokal y tomados como centro de sus críticas quedaban ridiculizados en ese libro que sostenía que, tras una pretendida erudición científica volcada en una jerga propia, no había nada consistente.

La sensación generalizada y especialmente para muchos de nosotros, la sátira de Sokal —aunque acusada de deslealtad académica— fue como una brisa de aire fresco, que ventilaba y dejaba al descubierto la posición falsamente posmodernistas de un lenguaje incomprensible. Y además, muy divertida.

No he podido menos que recordar este episodio frente a la reciente confesión de Eduardo Galeano (una especie de Sokal involuntario) sobre su libro *Las venas abiertas de América Latina*.

Esta inesperada (y bienvenida) declaración de Galeano durante su presentación se produjo en la "II Bienal del Libro y la Lectura", celebrada en Brasilia en este año.

Galeano, cuyo nombre es permanentemente asociado a una izquierda contestaria, ha dicho, entre otras cosas, que "no sería capaz de leer el libro de nuevo. Para mí, esa prosa de izquierda tradicional es pesadísima".

Eduardo Galeano, cuyo verdadero nombre es Eduardo Germán María Hughes Galeano, es considerado como uno de los más destacados escritores de literatura latinoamericana, con una amplia y variada producción. No es un detalle menor que haya elegido esconder el "Hughes", de resonancia inglesa y larga tradición uruguaya y elegir el materno "Galeano". Fue director de *Marcha*, en 1960, un semanario donde participaban regularmente Mario Vargas Llosa y Mario Benedetti, entre otros. En 1973, después de un golpe de Estado en su país se exilió y finalmente recaló en la Argentina, donde fundó *Crisis*, una revista cultural. Nuevamente, en 1976, asumido el gobierno militar en la Argentina debió exiliarse, mudándose a Madrid, desde donde retornará a su país en 1985, para fundar un tercer semanario, *Brecha*, al cual actualmente sigue vinculado.

Ha escrito y publicado más de 30 libros, muchos de ellos dedicados al fútbol. Los más influyentes de sus libros han sido, sin ninguna duda *Las venas abiertas de América latina* (1971) y *Memoria del fuego* (1982). Por esos libros ha recibido varios doctorados *honoris causa*, como el de la Universidad de La Habana, las mexicanas de Veracruz y Guadalajara y la Universidad de El Salvador, y varios premios, como el Sig Dagerman (2010) y el de la Casa de las Américas, en 2011.

Memoria del fuego, publicada entre 1982 y 1986, es una obra compuesta por tres libros, en forma de trilogía, en orden cronológico, que pretende a través de pequeños relatos, contar la historia de América Latina

Pero la obra que lo ha distinguido y por lo cual ha sido largamente reconocido en el mundo es *Las venas abiertas de América Latina*. Este libro le ha aportado un enorme reconocimiento ideológico y produjo en su momento un impacto enorme en la región y en el mundo académico de Estados Unidos y Europa.

El libro llegó en un momento crucial para América Latina; un momento en el cual la naturaleza de las relaciones con los Estados Unidos estaba en plena discusión y revisión. La revolución cubana y su permanencia constituía un elemento esencial de la realidad americana y un hecho esencial que condicionaba todos los estudios intelectuales y las actitudes políticas en el continente.

La tesis central del trabajo se refiere al estado de la situación de atraso de los países latinos de América y pretendía encontrar la explicación de sus causas en la explotación de sus recursos por parte de los países centrales o desarrollados, a través de economía colonialistas

La historia de América Latina y de su pobreza se explicaría, en primer lugar, por la colonización europea —básicamente España— entre los siglos XVI y XIX. Durante ese período de tres siglos, se habría producido un saqueo constante de los recursos naturales de nuestros países, descripto con crónicas de la época reproducidas por Galeano en su libro. Ya en los siglos XIX y XX el proceso de saqueo sería continuado por las nuevas potencias coloniales, Estados Unidos y Gran Bretaña, ya sea directamente o a través de sus empresas comerciales privadas.

En la primer parte del libro, "La pobreza del hombre como resultado de la riqueza de la tierra", Galeano afirma que lo que define a este saqueo sería la obsesión por el oro y la plata, presente en los españoles desde el descubrimiento mismo del continente. Más tarde, esa obsesión por los metales sería reemplazada por la avidez de otros recursos, enumerados en "El rey azúcar y otros monarcas agrícolas" título del capítulo más extenso del libro, que describe la apropiación a través del tiempo de esos y otros productos naturales, siempre por parte de las potencias coloniales. Entre productos objeto del saqueo, Galeano incluye, además de la apropiación del azúcar cubano, los casos del caucho en el noroeste de Brasil y la banana, tanto en Ecuador como en Colombia.

La segunda parte del libro, bajo el título de "El desarrollo es un viaje con más náufragos que vigilantes", es un intento de reseña histórica de América Latina por parte de Galeano. A través de varios de sus capítulos, al describir el acontecer de los hechos histórico, intenta mostrar el relato de un expolio generado por las potencias colonialistas, ahora por vía indirecta.

La publicación del libro produjo una inmensa conmoción. Fue un gran éxito editorial, ya que su venta superó el millón de ejemplares y traducido luego a más de 12 idiomas.

La época, como quedó dicho, era propicia y se prestaba a una repercusión de esta magnitud, ya que los enfrentamientos ideológicos, al igual que los políticos, era la característica más relevante de la discusión en América Latina y sacudió al estamento académico, a la par de su gran impacto popular. En el orden político y como producto de esa popularidad alcanzada por las tesis del libro, afloró la intolerancia de los gobiernos militares y "Las venas abiertas de América Latina" fue prohibido en Argentina, Chile y Uruguay.

Para mucha gente, intelectuales o no, el libro fue decisivo en la interpretación de nuestro atraso. Especialmente la juventud hizo suya la teoría de que la situación de América Latina se explicaba por la acción de los países desarrollados o centrales, países que se enriquecían a expensas de nuestras economías maltrechas y malos gobiernos.

La época de su publicación, principios de los años 70, era una época en la que todavía se sostenía la vigencia de la "teoría de la dependencia" instrumentada en el llamado "deterioro de la relación de intercambio". El concepto de la teoría de la dependencia fue elaborado, entre otros intelectuales, por Fernando Henrique Cardoso, un sociólogo que sería posteriormente presidente de Brasil y cuyo pensamiento (posteriormente modificado) quedó reflejado en su libro sobre *Dependencia y desarrollo en América Latina*, de 1979. También contribuyó a la difusión de esas ideas, la labor de Raúl Prebisch, economista argentino a cargo de la CEPAL, en la década de los años 50.

Esa dependencia, que constituía un obstáculo al desarrollo de nuestros países, se fundamentaba en un deterioro de los términos de intercambio, explicación también aceptada con entusiasmo. Según esta explicación, los productos y recursos naturales perdían su valor de intercambio, frente a los productos industriales de los países desarrollados. Este deterioro provocaba que cada vez fuera necesaria una mayor cantidad de materia prima para conseguir la misma o menor cantidad de productos elaborados.

Esto no era, según la explicación, un hecho natural, sino la consecuencia de la política de los países industrializados que, a través de ese mecanismo, explotaban a los subdesarrollados y se apropiaban de sus recursos.

La tesis de Galeano pone la causa y culpa de nuestro atraso en la actitud de expoliadores de los países centrales, en una actitud colonialista. Actitud iniciada a partir del descubrimiento, conquista y colonización de América, por parte de España y continuada hasta el presente por otras potencias extranjeras. Poner la causa de nuestros problemas en otros propiciaba una explicación que no podía menos que captar una reacción emotiva popularmente compartida y subyugar a los presuntos "expoliados". La popularidad de *Las venas abiertas de América Latina* como explicación de nuestro atraso fue enorme y su aceptación sin reservas en casi todos los ámbitos.

El libro de Galeano pasó, pues, a ser una especie de Biblia latinoamericana. Ha tenido numerosas ediciones y traducida, como se dijo a 12 idiomas. Muchas de sus ediciones, a partir de 1997, fueron prologadas por Isabel Allende, quien también prologó las ediciones traducidas al inglés[2]

Las manifestaciones de aceptación no se limitaron a lo literario o lo político. En 1989 se inauguró el Memorial de América, en el complejo cultural creado por Darcy Ribeiro en Brasil. Allí aparece la escultura de una mano gigante, con un mapa ensangrentado de América Latina, que simboliza la tesis de Galeano y que fue erigida "como emblema de la historia de este continente brutalmente colonizado, que aun sigue luchando por la identidad y

---

2. "Open veins of Latin America: Five centuries of the pillage of a continent", en su 25°. aniversario, por *Monthly Review Press*, de New York

la autonomía cultural, política, social y económica de sus pueblos". También la música popular se hizo eco de la aceptación masiva de las explicaciones de Galeano. Músicos populares, como por ejemplo, León Gieco, "Los Fabulosos Cadillacs", de Argentina, o la banda "Tijuana No!" contribuyeron a la divulgación del libro, a través de expresiones musicales.

Como era de esperar y en forma paralela a su recepción entusiasta, "Las venas..." provocó muchas reacciones contrarias. En 1975, a pocos años del lanzamiento del libro de Galeano, Carlos Rangel publicó una réplica en su libro *Del buen salvaje al buen revolucionario*[3]. Rangel reivindicaba, principalmente, la pertenencia de América Latina a Occidente, y negaba —en contra de la tesis de Galeano— que el subdesarrollo de la región se debiera a la acción de los países llamados del primer mundo. Por el contrario, afirmaba, nuestra situación de atraso era inexcusable y se debía a nuestras propias faltas.

Rangel no niega la existencia de acciones reprochables, especialmente de los Estados Unidos. El autor es consciente de que han existido conductas desacertadas por parte de Estados Unidos, Inglaterra u otros países centrales. Especialmente la historia de los siglos XIX y XX —lejos ya de la colonización española— muestra episodios de intervencionismo directo o indirecto, a través

---

3. Traducido a su vez al inglés bajo el título *The Latin Americans: Their Love-Hate Relationship with the United States*

de hechos armados o de presiones absolutamente condenables. Lo que negaba es que esas conductas fueran la causa de la situación de América Latina y por lo tanto, rechaza la posición de Galeano. Estos mismos argumentos fueron planteados en forma similar a la expuesta, en *El tercer mundismo*, el nuevo libro que Rangel publicó en 1982, con prólogo de Jean Francois Revel.

Una nueva publicación de 1997, perteneciente a Carlos Alberto Montaner, Plinio Apuleyo Mendoza y Alvaro Vargas Llosa, *Manual del perfecto idiota latinoamericano*, constituyó otra refutación a la posición de Eduardo Galeano. En un tono abiertamente crítico impugnaron las ideas del libro de Galeano y como dice Mario Vargas Llosa en el prólogo de la primera edición, arremetían con "tanto humor como ferocidad contra los lugares comunes, el dogmatismo ideológico y la ceguera política". Una década más tarde, los tres autores insistieron con *El regreso del idiota* en la descalificación de la posición asumida por Galeano.

A *Las venas abiertas de América Latina* se le puede atribuir el mérito de haber provocado éstas y muchas otras respuestas que colocaron el tema de América Latina en debate, y mantenerlo durante décadas. Desde los 70s. la producción intelectual ha sido numerosa de ambos lados, pero el rechazo a la tesis de Galeano, no sólo desde el punto de vista retórico sino también en los aportes científicos han predominado. Incluyendo ahora al propio Galeano, después de su retractación.

Es imposible negar que muchas cosas que su libro describe son ciertas. Pero vale la pena distinguir entre que ciertas cosas sean ciertas y que constituyen la verdad, que es precisamente lo que ocurre en este caso. Su libro presenta, a través de una selección interesada de los hechos, un panorama simplificado de la historia, sin matices, pero destinado a justificar una idea previa. La gran falencia del libro no está, sin embargo, en las historias que describe, aunque éstas sean sesgadas. Su debilidad principal está en las premisas con que Galeano enfoca a la historia de América Latina. Premisa que se refleja en la frase inicial de su introducción: "la división internacional del trabajo consiste en que unos países se especializan en ganar y otros en perder".

Esta idea se acopla con la concepción también equivocada de que la pobreza se debe a la existencia de ricos, idea que se conoce como el "dogma de Montaigne" y que ha sido exitosamente refutado por Enrique Ghersi.

Galeano parte así de una premisa equivocada que ha condicionado la historia de la economía y del pensamiento económico. Premisa que ha demostrado largamente su error y que Galeano invoca equivocadamente al aplicarla al comercio internacional. Es, precisamente, en esa división del trabajo internacional a la que se refiere Galeano, en la que Adam Smith hacía radicar la riqueza de las naciones. Porque la división internacional del trabajo es la que permite un intercambio provechoso en función de las ventajas comparativas de cada sociedad. Lo que Galeano cree, implícitamente, es que la división internacional ha sido fijada y determinada por los países coloniales, creencia que ha sido ya rechazado por la realidad.

Consecuente con esa idea y de la misma forma, afirma Galeano:

Perdimos; otros ganaron. Pero ocurre que quienes ganaron gracias a que nosotros perdimos: la historia del subdesarrollo en América Latina integra, como se ha dicho, la historia del desarrollo del capitalismo mundial. Nuestra derrota estuvo siempre implícita en la victoria ajena.

En 1977, Galeano agrega al libro un *addendum*, bajo el título "Siete años después", donde analiza la repercusión de "Las venas..." e insiste en esa visión: ...

El subdesarrollo latinoamericano es una consecuencia del desarrollo ajeno, que los latinoamericanos somos pobres porque es rico el suelo que pisamos y que los lugares privilegiados por la naturaleza han sido malditos por la historia. Y agrega: Los precios de la mayoría de los productos que América Latina vende bajan implacablemente en relación a los precios de los productos que compra a los países que monopolizan la tecnología, el comercio, la inversión y el crédito.

La vieja tesis del deterioro de la relación de intercambio.

Ahora, después de más de 40 años, Galeano ha abjurado de su posición de esa época. Aunque todavía se considera un hombre de la izquierda, ha reconocido en su presentación en Brasil que esa izquierda algunas veces ha cometido errores graves cuando se encuentra en el poder (lo que se ha tomado como una alusión al gobierno de los Castro en Cuba, y a la gestión de Hugo Chávez en Venezuela). Según sus propias palabras:

La realidad ha cambiado mucho y yo he cambiado mucho. La realidad es mucho más compleja precisamente porque la condición humana es diversa. Algunos sectores políticos cercanos a mí piensan en esa diversidad como una herejía. Todavía hoy, hay sobrevivientes de este tipo que piensan que toda diversidad es una amenaza. Afortunadamente, no lo es.

Uno de los reconocimientos hechos por Galeano en Brasil se refiere al estilo del libro y a su prosa de izquierda tradicional y pesada. En su revisión de 1977 había afirmado que el libro había sido escrito para conversar con la gente, entre un autor no especializado que se dirigía a un público no especializado con la intención de divulgar ciertos hechos que la historia oficial —historia que es contada por los vencedores— esconde o miente.

Sé que puede resultar sacrilegio que este manual de divulgación hable de economía política en el estilo de una novela de amor o de piratas. Pero se me hace cuesta arriba, lo confieso, leer algunas obras valiosas de ciertos sociólogos, politólogos, economistas o historiadores que escriben en código.

En este párrafo se encuentra la clave de *Las venas abiertas de América Latina*. Su lectura no tiene el rigor que le han pretendido dar quienes han hecho de él la biblia anticolonialista, anticapitalista y antiimperialista. Más bien hace recordar a Germán Arciniegas y su *Biografía del Caribe*, apasionante lectura de juventud.

Por el contrario, su redacción encajaría perfectamente en el párrafo del mismo Galeano referido a "Cierta literatura militante dirigida a un público de convencidos, que parece conformista, a pesar de toda su posible retórica revolucionaria, un lenguaje que mecánicamente repite, para los mismos oídos, las mismas frases hechas, los mismos adjetivos, las mismas fórmulas declaratorias", que él condena.

Mucho más grave que su idea sobre el estilo, lo que ha sido contundente es su confesión sobre el contenido mismo del libro y su valor:

Yo no tenía la información necesaria. No estoy arrepentido de haberlo escrito, pero fue una etapa que, para mí, está superada. El libro fue escrito sin conocer debidamente de economía y política.

Dejando de lado el estilo, que el propio Galeano ha criticado, la refutación más sólida al contenido de *Las venas abiertas de América Latina* —que también Galeano descalifica— viene dada por dos vías diferentes.

La primera, es la corriente de análisis que a la hora de explicar el atraso social, económico y política de América Latina, pone en primer plano el elemento cultural, que Galeano opta por ignorar

Tan temprano como en 1961, David McClelland había analizado el rol de los valores en el desempeño económico de una sociedad. En su libro *The achieving society* había afirmado que se podía prever el comportamiento social y la actitud económica de las personas a través de los valores expresados implícitamente en los cuentos infantiles y las canciones de cuna. Por esas y otras vías tempranas (la familia, la escuela, la iglesia) se van inculcando creencias, las que en su mayoría permanecen en forma inconsciente. Alguna de esas creencias condicionan las actitudes hacia las posibilidades concretas de logros por parte de las personas y, en consecuencia de la sociedad en que viven, sostiene McClelland.

Desde el punto de vista histórico, el magnífico estudio de José Ignacio García Hamilton en su libro *El autoritarismo y la improductividad*[4], apuntó a la cultura colonial heredada de España y de la Iglesia como responsable de nuestra poca predisposición a los valores que hacen a la modernidad, y fue uno de los primeros en advertir esa relación. En la misma línea, *Porqué crecen los países* publicado en el 2011 ejemplificaba con casos concretos su tesis sobre el peso de la cultura en la marcha de una sociedad hacia su desarrollo. Uno de las características de esa cultura negativa que describía García Hamilton, era precisamente, la tendencia a buscar culpables en terceros que claramente impregna al libro de Galeano. En forma irónica, afirmaba que el mejor amigo del hombre en América Latina no era el perro, sino "el chivo expiatorio".

La relación de la cultura con las condiciones del desarrollo adquirió una enorme importancia hacia la primera década del siglo XXI, especialmente por la iniciativa de la Universidad de Harvard. Esa relación fue el objeto de un proyecto análisis y estudios que congregó a una

---

4. También traducido y publicado en inglés por el InterAmerican Institute for Democracy, bajo el título *Cultural Legacies and the Challenge to Latin American Modernity.*

enorme cantidad de especialistas para discutir la cuestión. Entre esos académicos se contaban personalidades como Lawrence Harrison, Samuel Huntington, Amartya Sen, Ronald Inglehart, David Edgerton, Michael Porter, entre otros.

Estos trabajos, compilados en una serie de trabajos bajo la dirección de Harrison, mostraron con rigor científico como las sociedades progresaban o se retrasaban en estrecha vinculación con la cultura imperante (entendida la cultura como los valores característicos de esa sociedad)[5]. Las conclusiones de todos estos estudios, que incluían la ciencia política, la economía, la sociología y otras ciencias vinculadas, volvían a poner en valor la vieja tesis de Max Weber sobre las diferencias entre las sociedades en función de sus creencias básicas, expuestas en su obra a principios del siglo XX[6]

Weber advirtió que ciertas creencias generan ideas y actitudes afines al progreso y al éxito económico, como las que promueve la doctrina del calvinismo, en clara y definitiva contraposición a las del catolicismo. Entre esas claves señalaba el concepto de vocación profesional, la valoración del éxito económico y social como señal de la aprobación de Dios, y el sentido del trabajo como homenaje divino. De esa escala de valores se nutrió la sociedad americana, poco afecta originalmente al ocio y a

---

5. Esos estudios fueron publicados en una serie de libros bajo la dirección de Harrison. Principalmente fueron: La cultura importa, El sueño panamericano, El subdesarrollo está en la mente y Quienes prosperan?

6. Max Weber: La ética protestante y el espíritu del capitalismo

la institución de la herencia: el mérito no es heredar, sino conseguirlo con el esfuerzo propio. [7] Un más reciente trabajo del expresidente del Ecuador, Osvaldo Hurtado, encuadrado en el estricto rigor científico de la sociología se ha ocupado en desmentir las afirmaciones contenidas en el libro de Galeano (un par de años antes de su retractación) con numerosos datos y estudios específicos.

En 2012, un nuevo libro aludía a este tema : *Why Nations Fail: The Origins of Power, Prosperity, and Poverty*, de Daron Acemoglu y James Robinson, mostraba claramente que la diferencia entre las naciones que fracasan y las que prosperan se encuentra en la vigencia o no de las instituciones en ellas. La conexión entre la vigencia de las instituciones y la cultura de valores que la sustenta es inmediata y obvia.

Con este enfoque, en el año 2008, dicté un curso en la Florida International University, en la Maestría de Ciencia Política (conjunta de FIU con FLACSO) sobre "Comparative Political Culture", cuyo objetivo era comparar los valores culturales de la sociedad americana con los de América Latina (el syllabus se adjunta como apéndice al final).

Las conclusiones de esa comparación de valores culturales señalaba las diferencias principales en las actitudes referidas, por ejemplo, al respeto por la ley y a las instituciones, al concepto de democracia y su relación

---

7. De esa tradición cultural se deriva el aprecio por el *selfmade man*, la consideración positiva que tiene la "ambición" diferente a lo que ocurre en América Latina, y el hábito generoso de las donaciones.

con lo religioso, la tendencia al absolutismo y al estatismo, la condena religiosa a la riqueza, la tolerancia hacia la corrupción y la vinculación del individuo con lo colectivo y con el Estado.[8]

La otra vía que desmiente y refuta a Eduardo Galeano es la realidad. En forma paralela, estas últimas décadas de economía regional han mostrado cuáles son las causas del crecimiento de algunos países y cuáles las trabas para que otros no crezcan. Desde la publicación de *Las venas abiertas de América Latina* los hechos parecen ir en contra de su visión. Es posible que como el propio Galeano dijo, las cosas hayan cambiado mucho.

Porque por lo pronto, si alguna vez existió un "deterioro de la relación de intercambio" la ecuación se ha invertido: hoy son los recursos naturales y las materias primas las que se han revalorizado frente a las industrias y sus dificultades de mantener salarios y empleos.

América Latina muestra una diversidad de situaciones en el orden de sus sistemas políticos o de su economía, con mayor o menor éxito en la lucha contra los problemas endémicos de la región: la pobreza, la corrupción, la desigualdad, la falta de instituciones sólidas. Sin embargo, sobre esa diferencia o variedad, se podría configurar dos esquemas bien nítidos y diferenciados.

Por un lado, aquellas sociedades que crecen sostenidamente, aun con las dificultades propias de nuestra

8. Es interesante encontrar una obra temprana sobre esta diferencia, pero que ensalza estos valores "cristianos" frente a los valores "materialistas" de la sociedad norteamericana. Se trata de *Ariel*, del uruguayo José Enrique Rodó, en 1900, basado en los personajes de La tempestad, de William Shakespeare. Algo similar a lo de su compatriota Juan Zorrilla de San Martín.

situación y que crecen a mayor o menos velocidad relativa, con momentos de avances y retrocesos alternados.

Las características propias de este conjunto de países exitosos son, casi siempre las mismas: vigencia de sus instituciones republicanas, apertura económica con altos niveles de intercambio comercial con los países desarrollados, previsibilidad y garantías individuales, alternancia en el poder. Son los casos —con mayor o menor grado— de Chile, México, Brasil, Uruguay, Perú y algunos otros. Han conseguido modernizar sus economías en función de esas variables.

En el otro extremo —con muchos países en situaciones intermedias— otro grupo, con grandes recursos naturales (petróleo, minerales, trigo, soja) revaluados por la demanda internacional, han fracasado y se han sumido en graves problemas económicos y sociales. Y no es coincidencia que todos ellos muestren un fuerte componente de "antiimperialismo" (fomentado sin duda por *Las venas abiertas de América Latina*), una complicada situación económica, debilidades de las instituciones, sin separación de poderes, donde la justicia no es independiente y hay persecución a la libertad de prensa. Como elemento adicional, en la casi totalidad de este conjunto de países se pretende la reelección indefinida de sus gobiernos (Venezuela, Ecuador, Bolivia, Nicaragua) o decididamente, ya no hay elección popular de sus gobernantes, como en Cuba.

Bienvenida sea la retractación de Galeano. Ha pasado con ello a integrar el numeroso grupo de intelectuales que ha pasado de defender entusiasmos juveniles de izquierda a una racionalidad madura y que defienden hoy un pensamiento distinto, como el propio Fernando Henrique Cardoso, Mario Vargas llosa, Plinio Apuleyo Córdoba, Juan José Sebrelli, entre tantos otros. O de políticos, como Alan García, José Mugica, o Miche Bachelet (es sintomático que no existan ejemplos de itinerarios en sentido contrario).

Pero no es Galeano el perdedor. Los grandes perdedores son quienes han tomado sus ideas y la han consagrado como la realidad que determinaba a América Latina, ideas desacreditadas por la realidad y ahora, nada menos que por su expositor principal. Ellos ofrecen, frente a esta actitud de Galeano, un papel tan deslucido que han justificado plenamente el título de los libros de Montaner y quedan ahora en ridículo.

Pero no es posible dejar de pensar en el daño que ha hecho Galeano, al igual que otros defensores de esta teoría que intentaba justificar nuestro atraso. Su tardío reconocimiento no es suficiente.

Programa FLACSO-FIU

Maestría en Ciencias Políticas

Curso: CPO 6092. Seminar in Comparative Political Culture. Cultura, democracia y desarrollo en América Latina. Una visión comparada entre la cultura de los países desarrollados y subdesarrollados.

Periodo:	Summer, Abril 8 a Junio 24, 2008
Horario:	Martes de 6.00 a 9.00pm
Lugar:	Metropolitan Center
Profesor:	Guillermo Lousteau Heguy

Objetivo del curso: El curso se propone analizar los componentes políticos, sociales y culturales como explicación del subdesarrollo económico de América Latina.

Programa.

I. Introducción. Desarrollo y subdesarrollo: el caso de América Latina. Causas y consecuencias. El desarrollo como libertad.

Lecturas obligatorias:

* Harrison, Lawrence: *La cultura es lo que importa.*

a) Huntington: "Prefacio e Introducción"

* Sen: *Desarrollo y Libertad.*

a) Introducción: "El desarrollo como libertad"

b) Capitulo 1. "La perspectiva de la libertad"

* Weber: *La ética protestante y el espíritu del capitalismo*

Paginas 111/261 (sin las notas)

* Novak: *El espíritu del capitalismo democrático.*

a) Introducción.

b) Capitulo 1: "¿Qué es el capitalismo democrático?"

c) Capitulo 14: "La tradición católica capitalista".

d) Capitulo 15: "El socialismo cristiano en Europa".

Lecturas optativas:

* Ramírez Parra: *Todo Vale? Latinoamérica ante la encrucijada de la post-modernidad*
a) Capitulo III, 2. "Nuestra América Latina: ¿pobre, neoliberal y post-moderna?".
* Lindsay: "La cultura, los modelos mentales y la prosperidad nacional".
* Landes: *La cultura cambia casi todo.*
* Olson: *El auge y decadencia de las naciones.*
a) Prefacio y Capitulo 1: "Interrogantes y criterios...".
b) Capitulo 2: "La lógica".
c) Capitulo 3: "Las consecuencias".

II. Concepciones del desarrollo económico
Concepción economicista o estructuralista:
De izquierda: teoría de la dependencia (CEPAL). Plusvalía y plusvalía internacional. Deterioro de la relación de intercambio. Sustitución de importación: apertura y cierre de mercado.
De centro: el desarrollismo. Industrialismo.
De derecha: liberalismo y libertad de comercio
Concepción institucionalista: desarrollo y democracia.
Concepción culturalista: modernismo y posmodernismo. Tensiones del desarrollo. EEUU vs. Europa.

Lecturas obligatorias:

* Harrison: *La cultura es lo que importa.*
a) Fairbanks: *Cambiando la mentalidad de una nación: Elementos en un proceso de creación de prosperidad.*
b) Sachs: *Notas sobre una nueva sociología del desarrollo económico.*
* Smith, Adam: *La riqueza de las naciones.*
a) Capitulo IX. "Beneficios del capital".
b) Capitulo I. "Progreso natural de la riqueza".
c) Capitulo II. "Restricción a la importación desde países extranjeros".

* Sen: *Desarrollo y Libertad.*

a) Los fines y los medios del desarrollo

Lectura optativa:

* Smith, Adam: *La riqueza de las naciones.*

d) Capitulo VII: "Las colonias"

**III. Qué es el desarrollo económico. Determinación cuali/
cuantitativa. El desarrollo humano. Acumulación y distribución.
Inversión social. La "U" de Kuznets. El capitalismo y el libre
mercado como construcciones.**

Lecturas obligatorias:
* Gilder: *Riqueza y pobreza.*
a) 5. "La naturaleza de la riqueza".
b) 6. "La naturaleza de la pobreza".

* Harrison: *Lo que importa es la cultura.*
a) Fukuyama: El capital social.
* Rostov, W: *The stages of economic growth.*
Pages 1-40 y 46-58
a) I y II: "Introduction" and 2: "The five stages of growth".
b) 3. "The preconditions for take-off".
c) 4. "The take-off".
d) 8. "Relative stages of growth and aggression".

Lecturas optativas:

* Medina Echevarria: *Consideraciones sociológicas sobre el desarrollo económico en América Latina.*

IV. Los problemas políticos del desarrollo económico: pobreza y desigualdad. Los modelos de democracia. La democracia en América Latina: democracia delegativa, populismo, y neopopulismo. El rol del Estado y su reforma.

Lecturas obligatorias:

* Huntington: *No easy choice.*
a) "Introduction: The nature of political participation"
b) "Goals and choices: Participation in the context of development".

* Huntington: *El orden político* (pags. 92 a 137)
a) "Tres criterios de autoridad".
b) 2. "Modernización política: América y Europa".

* Huntington: *La tercera ola.*
a) Capitulo 1. "¿Qué?".
b) Capitulo 2. "¿Por qué? Desarrollo económico y crisis".

* Dahl: *Regimes and opposition.*
a) "Introduction".
b) "Dix: Latin American: oppositions and development".

* Sorjs: *La democracia inesperada.*
a) "Introducción: La paradoja democrática".
b) "Conclusiones".

* Klisberg: *La agenda ética pendiente de América Latina.*
a) Ocampo: "Economía y democracia".

* O'Donnell: *Pobreza y desigualdad en América Latina.*
a) Capitulo 3. O'Donnell: "Algunas reflexiones políticas".

* Sen: *Desarrollo y libertad.*
a) Capitulo 6: "La importancia de la democracia".

Lecturas optativas:

Huntington: * *El cambio político en los sistemas tradicionales (pags. 266 a 302)*

* Cheresky: *Políticas e instituciones en las nuevas democracias latinoamericanas.*
a) Panizza: "Más allá de la democracia delegativa".

* CIPPEC: *Hacia un nuevo Estado en América Latina.*
a) Kamarck: "La reforma del Estado en América Latina".

V. Cultura y desarrollo. La modernidad cultural y la posmodernidad. Cultura y ética. Cultura nacional. Tipología cultural del desarrollo.

Lecturas obligtorias:

* Sen: "Desarrollo y libertad"
a) Capitulo 10: "Cultura y derechos humanos"

* Harrison: "La cultura es lo que importa"
a) Edgerton: "Practicas y creencias tradicionales: Algunas son mejores que otras?
b) Inglehart: "Cultura y democracia"
c) Porter: "Actitudes, valores, creencias y la microeconomía de la prosperidad"

* McElroy, John Harmond: "American beliefs"
a) Capitulo 1. What do we mean by "Culture?"
* Bell: The cultural contradictions of Capitalism
a) Introduction and I: The meaning of Culture
b) Enter Modernism
c) From the protestant ethic to the psychodelic bazaar

Lectura optativa:

* Hurtado, Osvaldo: Cultura y democracia, una relacion olvidada

VI. Los valores como integrantes de la cultura. Justicia y equidad. Universalidad de los valores. Valores intrínsecos e instrumentales. Los puritanos del siglo XVII. La función de los valores. Religión y valores. Cultura y derechos humanos.

Lecturas obligatorias:

* Harrison: "El subdesarrollo esta en la mente"
a) Introducción y capítulos 1 y 2. "Que produce el desarrollo y lo que otros han dicho"

* Sen: "Desarrollo y Libertad"
a) Capitulo 3. "La libertad y los fundamentos de la justicia"

* Harrison: Quienes prosperan?
a) Introducción. Progreso y pobreza sin Marx

Lecturas optativas:

* Klisberg: "La agenda política ética pendiente de América Latina"
a) Montes: "ética de la economía"

VII. El caso de América Latina. Antecedentes históricos. Los valores tradicionales. España e Latinoamérica. España y los Estados Unidos como cotejo de culturas.

Lecturas obligatorias:

* Garcia Hamilton: "El autoritarismo y la improductividad"
a) Capitulo III: El absolutismo
b) Capitulo IV: El estatismo

c) Capitulo V: El militarismo

d) Capitulo VI. El incumplimiento de la ley

e) Capitulo VII. La influencia religiosa

f) Capitulo VIII. Catolicismo y subdesarrollo

* Yeatts: "Las perversas razones de la pobreza"

a) Capitulo I. Pobreza al sur del Río Grande

b) Capitulo II. España, Gran Bretaña y la limitación del poder real

c) Capitulo IV. La continuidad institucional en la América Independiente

* Novak: El espíritu del capitalismo democrático

a) Capitulo 18: Una teología del desarrollo: América Latina

Lecturas optativas:.

* Harrison: " El subdesarrollo esta en la mente"

a) "Republica Dominicana y Haití"

b) "Argentina y Australia"

c) "España e Hispanoamérica"

d) "Hispanoamérica y los EEUU"

* Fillol, Tomas: *Social factors in Economic Development: The Argentine case.*

* Harrison: Quienes prosperan?

a) 1. Brasil

b) 6. Los mexicanos

* Harrison: El sueno panamericano

a) 5. Argentina: del Primer Mundo al Tercer Mundo? Ida y vuelta?

b) 7. El milagro chileno: políticas, cultura o ambas cosas?

* Couffignal: *Democracias posibles.*

a) Whitehead: Liberalización económica y consolidación de la democracia

VIII. Los valores de los Estados Unidos: a) creencias primarias; b) creencias religiosas, morales y sobre la naturaleza humana; c) creencias sociales; d) creencias políticas.

Lecturas:
* McElroy: "American beliefs"
a) Capitulo 3. "Primary beliefs in American Culture"
b) Capitulo 6. "Religious and moral beliefs"
c) Capitulo 7. "Social beliefs"
d) Capitulo 8: "Political beliefs"
e) Capitulo 9. "Beliefs in human nature"

Los valores y las creencias en América Latina.: actitud religiosa, naturaleza humana, justicia, valor del trabajo, educación y utilidad, racionalidad, visión del mundo, el valor de la democracia.

Lectura obligatoria:

* Harrison: El sueno panamericano
a) Introducción: Sueno o realidad?
b) Las raíces de la divergencia: cultura angloprotestante versus cultura iberocatolica.

IX. Desarrollo e identidad. Tránsito de valores. Carácter y estilo nacional. Valores cruciales y valores compatibles.

Bibliography.

Banco Mundial: *Informe anual*
Bell, Daniel: *The cultural contradictions of capitalism*, Basic Books, 1996

Cheresky, Isidoro: *Políticas e instituciones en las nuevas democracias latinoamericanas*, Paidos, Buenos Aires, 2001

CIPPEC: *Hacia un nuevo Estado en América Latina*

Couffignal, Georges: *Democracias posibles. El desafío latinoamericano*. Fondo de Cultura económica, Buenos Aires, 1965

Dahl: *Después de la revolución?* Gedisa Editorial, Barcelona, 1994

Dahl: *Regimes and opposition*

Fillol, Tomás: *Social factor in economic development*

García Hamilton, José Ignacio: *El autoritarismo y la improductividad*, Editorial Sudamericana, Buenos Aires, 1998

Gilder, George: *Riqueza y pobreza*, Editorial Sudamericana, Buenos Aires, 1982

Harrison, Lawrence: *El subdesarrollo está en la mente*, Editorial Playor, Madrid, 1987

Harrison, Lawrence: *La cultura es lo que importa*, Ariel-Planeta, Barcelona, 1996

Harrison: *Quienes prosperan?*

Huntington, Samuel: *La tercera ola. La democratización a finales del siglo XX*. Paidos, Buenos Aires, 1976

Huntington: *No easy choice*

Huntington: *El orden político en las sociedades en cambio*, Paidos, Buenos Aires, 1996

Klisberg, Bernardo: *La agenda ética pendiente de América Latina*, Fondo de Cultura económica, Buenos Aires, 2005

McElroy: *American beliefs*

Medina Echevarria: *Consideraciones sociológicas sobre el desarrollo*

Novak: *La ética católica y el espíritu del capitalismo*

O'Donnell: *Pobreza y desigualdad en América Latina*, Paidos, Buenos Aires, 1999.

Olson, Mancur: *Auge y decadencia de las naciones*

Ramírez Parra: *Todo Vale? Latinoamérica ante la encrucijada de la postmodernidad*

Rostov, W: *The stages of economic growth*

Rostov: *Las etapas del crecimiento económico*

Sen, Amartya: *Desarrollo y Libertad*, Editorial Planeta, Buenos Aires, 2002

Smith, Adam: *La riqueza de las naciones*

Sorjs: *La democracia inesperada*

Weber: *La ética protestante y el espíritu del capitalismo*, Península, Barcelona, 1998

Yeatts: *Las perversa reglas del juego en América Latina*. LexisNexis, Abeledo Perrot, Buenos Aires, 2003.